El corazón escribe en prosas

El corazón escribe en prosas

Sheila Medina

«La poesía es encontrar la esencia de la realidad, descubriendo el tiempo y sus interrogantes».

Pedro Salinas

Dedicatoria

A mi hija Eliette, mi motor de avance y motivo de mis sonrisas.

Mi razón de seguir adelante día a día.

Eres el latir de mi corazón y mi arcoíris detrás de todas mis lluvias.

Índice

Dedicatoria vii

Índice 9

Buenos Días 11

Sueño 12

Código Morse 14

Sola 17

El Amor 18

11:11 21

Solo Entonces 23

Arte 24

Ella 25

Estoy Llorando 28

Falsas Esperanzas 30

Pensarte 31

Again 32

Insomnio 33

Adiós 35

Adultez 36

Para Ti	37
Dudas	39
Un Corazón Roto	41
No de Nuevo	45
Siempre te Amaré	46
Ángel	49
Mañana	52
Mi Salvación	53
Oscuridad	55
Tú	58
Ruptura	60
Alma Gemela	61
Rota	62
Coincidir	63
Frio	65
Agradecimientos	67

Buenos Días

Al llegar a casa corrí a la habitación para darte los buenos días pero recordé que ya no estabas. Ya no son buenos, solo son días. ¿Cómo me recuperaré de esta agonía?

Se siente un vacío inmenso y se nota más porque todo está en silencio. Yo sola en una cama tan grande y fría; no sé qué tienen de buenos estos días.

Te extrañé como nunca y te quise como a nadie, no creí perderte porque pensé que serías para siempre. Pero cuando en mi teléfono tu número busqué, para darte los buenos días no te encontré.

Sueño

Veo como el viento acaricia tu cara,
El rojo de tus mejillas ruborizadas;
La emoción resaltando en tus pupilas,
El frío que abraza tu piel y la eriza.

Me quedo inmóvil, como petrificado,
Incapaz de vocalizar un enunciado.
Te observo con mis ojos llorosos,
Intentando acercarme a tu costado.

Aún después de tantos años
Tu belleza no ha cambiado
Sigues llevando esa hermosa sonrisa
Que ni la muerte te ha borrado.

Aquí siempre te estuve buscando,
Noches largas esperando tu llamado.
Sentado, viendo al cielo nublado
Esperando verte con mis ojos aguados.

"Prometí cuidarte" susurras a mi lado.

Mi pecho me quema, me ahogo en llanto.

Cierro los ojos y respiro agitado.

Despierto de espanto, otra vez lo he soñado.

Código Morse

Te he estado intentando sacar de mi cabeza cuando no puedo sacarte de mi corazón. ¿Cómo se apaga un sentimiento? ¿Cómo se deja de amar a alguien con quien soñaste día y noche y deseaste tenerle siempre a tu lado? ¿Cómo se olvida a alguien que fue parte de tu día a día? ¿Cómo se supera un amor que no tuvo conclusión y en el aire se desvaneció?

Me dueles, me quemas, me ardes, me envenenas mis ganas de seguir adelante. Me pides que te olvide y deje de amarte,
pero no sabes que más fácil fuera pedirme saltar de un puente y llevarme conmigo todos nuestros planes.

No te imaginas las horas que paso sin dormir, mi cuerpo está cansado y mi cerebro lucha contra el corazón para ver quién se queda al mando. ¿me quedo o me voy? ¿Qué rayos quieres tú? Porque a este punto yo no sé en dónde estoy.

Los latidos de mi corazón pasan de cien por segundo y se detiene en seco dándome la sensación de que muero.
Me concentro, respiro y una vez más lo escucho latiendo.
Cada latido es una señal pero yo no aprendí código morse y siento que voy cayendo.

Sé que dice no aguantar más, que me aleje para siempre,
Que deje de insistir en querer quedarme donde no me quieren,
Que recoja un poco la dignidad que me queda,
Que como un águila alce mis alas y vuele lo más lejos que pueda.

Intento sacar de mi cabeza lo que no sale de mi corazón,

Porque cocí con acero el amor que te entregué y encendí con fuego las promesas que a ti te dediqué.

Ibas a ser mi último amor eterno, y esa promesa me quema como el mismo infierno.

Sola

Rodeada de gente y risas vacías

Se siente tan sola como en las noches frías.

Algo falta en su vida,

Un vacío que no logra llenar;

Ni amigos ni familia entenderán,

Que busca alguien que la sepa amar.

Que cure sus heridas con suavidad

Que su presencia le llene de paz;

Que haga a sus ojos brillar más

Que nunca la deje sola ni la haga llorar.

Ella quiere volver a sonreír

Risas a carcajadas de felicidad;

Sentirse viva y en paz

      Para nunca pensar en soledad.

El Amor

Ay el amor, un sentimiento tan profundo que no se puede plasmar en letras.

Por el amor se sufre, se ríe, se llora y se es feliz si el sentimiento es mutuo.

El amor es un subidón de energía que te hace sentir como si tuvieras el mundo en tus manos y que todo lo que te propones puedes lograrlo.

Yo siempre soñaba con ser amada a la antigua; recibir flores y cartas;

Que caminaran conmigo de la mano mientras vemos la luna y no me soltaran.

Después de intentarlo varias veces entendí que era el camino y no la meta; alguien con quien aprendieran la lección, no con quien la cumplieran.

Pero ya no quería ser yo quien enseñara la lección, sino con quien la pusieran en práctica,

Que me amaran y cuidaran como mi corazón necesitara.

Me trataste como una reina, lo necesario para bajar mis defensas.
Tu tacto me erizaba la piel haciendo que soltara un "te quiero".
Pero debo confesarte que tengo miedo.
Miedo de que veas mis locuras y temores.
Que me des la espalda cuando más te necesite y sueltes mi mano cuando esté a punto de caer en mi escondite.

Quiero quedarme, pero permíteme que sane.
Conóceme y estúdiame como un mapa del tesoro que apenas encontraste y que sabes que al llegar a la x no solo serán fantasías y frases;
Sino que será un tesoro cierto, un amor real y duradero.

En la x que marca el lugar está el corazón de alguien que no se rinde ni pierde las esperanzas, que da lo mejor de sí y se esfuerza por superarse. Que solo alguien igual puede encontrarle, alguien que le enseñe que el amor es arte;
Que sepa dar los buenos días con besos y chocolates, que las flores no le falten.

El amor… el amor… un sentimiento inexplicable; Llega cuando menos lo esperas pero se va si no abres las puertas, siempre se queda si se siente en su esfera:
Protegido, cuidado y listo para mostrarte que siempre se pueden bajar las defensas cuando se trata de la persona correcta.

11:11

Donde te encuentres te buscaré,
Donde te escondas te hallaré.
Por ti esperaré y seré paciente,
Hasta que llegue la hora de verte.

Perdida por el mundo estaba,
Caminando sin rumbo o parada;
Esperando que alguien llegara
Y en mi vida una luz alumbrara.

Como un deseo de cumpleaños,
Apagando las velas con los ojos cerrados.
Como un 11:11 soñado,
Solo esperando y esperando.

Y un día llegas de la nada
Buscando de lejos mi mirada,
Haciéndome reír como si nada,
Creando en mi vida una entrada.

Un deseo pedido:
Una persona llena de paz;
Un 11:11 cumplido
Y más días de felicidad.

Si otra vez te marcharas
Aquí esperaré tu llegada;
Pasen horas, pasen meses
No estaré desesperada.

Podré una vez más pedir un deseo,
Con los ojos cerrados mirando al cielo,
Y con una sonrisa pidiendo
Un 11:11 que te traiga de regreso.

Solo Entonces

Si pudieras ver su sonrisa cuando ella le habla a sus amigos de ti…

Si pudieras ver sus ojos brillosos cuando ella te ve sonreír…

Entonces entenderías por qué ella se enamoró de ti…

Entonces tú también te enamorarías de ella…

Entonces y solo entonces.

Arte

Ella se sienta en la noche a ver las estrellas,
Contempla las olas del mar cuando va a la playa;
Analiza cada detalle de la perfección que le rodea,
Mientras acaricia las cicatrices de sus palmas.

Siempre observa en el espejo sus muchas pecas;
Que hermosa curvatura la de su sonrisa;
El brillo intenso de sus ojos refleja;
¿Por qué como arte no se categoriza?

Ellos no saben que la piel puede ser arte,
Que las estrías también son naturales;
Que debajo de tanta ropa se oculta un paisaje,
Lleno de melodías y colores deslumbrantes.

Ella

Las luces apagadas, los audífonos puestos con la música a todo volumen; lágrimas rodaban por sus mejillas mientras ahí acostada miraba al techo. Las estrellas coleccionables ya no tenían brillo al igual que sus ojos, y sus días se tornaban oscuros al igual que su corazón.

Allí solo rodeaba mucho dolor y tristeza, aunque la vieras sonreír. Allí solo rodeaba soledad, aunque a su lado veas mil. Se mantenía firme y en silencio, nada le afectaba o eso aparentaba ser. A los suyos brindaba paz y serenidad, pero al llegar a casa se descubría la verdad.

Solo ella podía notar, frente al espejo su mirar, cómo el dolor se apoderaba y de llorar no podía parar. Se decía a sí misma "todo pasará" pero eso no la hacía mejorar. ¿Cuánto más podía aguantar?

Se mordía, se golpeaba, incluso sus piernas cortaba y la razón no la encontraba; pero sabía que dolía y aunque gritara no salía. Que al terminar la pesadilla, una vez más se repetía, día tras día era la misma monotonía.

¿Dónde estaban sus amigos y familias? ¿Por qué a su llamado nadie acudía? De todas formas ella sabía que sola siempre estaría; y a cualquiera que le preguntara "estoy bien" diría.

"Limpia tu cara y alza la frente, de esta se sale aunque vuelva y tropiece, por las calles me llamarán valiente y yo les sonreiré aunque tenga herido el vientre".

Parada donde estás, mira a tu alrededor y notarás, que el día que faltes nadie te extrañará. Aléjate un día o dos y quizás algunos te busquen más, pero una vez tengas la soga te han de soltar. No te buscarán. Dos horas y algo más, quién sabe dónde estarás, pero nadie te buscará porque dirán que volverás.

Deja que el dolor salga así tengas que llorar, de todos modos nadie te escuchará; tus piernas no cortes más, todo esto pasará. Te pondrás de pie y seguirás, sonriendo como que todo es igual, llevando la felicidad a alguien más.

Estoy Llorando

Estoy llorando, fingiendo una sonrisa
Y en las noches dormiré llorando.
Porque mi corazón lo he entregado
Y me lo han devuelto destrozado.

Han jugado con mis sentimientos
Y han herido mis pequeñas manos,
Para que no escriba en mis versos
Sobre historias de amores logrados.

Estoy llorando, porque llegué a odiar mi cuerpo
Como si verlo fuera algo malo,
Me olvidé de que era arte inigualable
Y lo he tachado como mal decorado.

Estoy llorando porque me enamoré sin conocerlo,
Capaz de darlo todo sin recibir nada a cambio.
Cegué mis ojos sin saber que no era el indicado;
Callé esa tristeza y ahogué mis llantos.

Estoy llorando en el baño
Mientras todos están acostados
Sostengo un ayiler en mis manos,
Intentando hacerlo callado.

Cansada de esta vida
Que me tiene a puros llantos.
Una libreta y un lapicero
Tomo de las cosas que están a mi lado.

Escribo cada una de las palabras
Que de mi corazón han brotado,
Escribo todo bien detallado
Antes de caerme de costado.

Mis pensamientos se nublan rápido;
Todos los felices se han borrado.
En el suelo yace un cuerpo
Luce pálido, con el corazón destrozado.

Falsas Esperanzas

Incluso en el trabajo sacabas tiempo para mi...
Me tratabas bien...
Reíamos de cualquier cosa...
Hablábamos por horas...

Me hiciste llorar...
Un día me trataste indiferente y me besaste al siguiente.
Yo no dudé en amarte pero después de ese viaje te volviste cortante.
Me hablabas y te escuchaba distante.

Cada día te escribía sin obtener respuestas.
Pensaba si acaso fui una apuesta.
Cada hora que pasaba se hacía más larga.
Te hacía feliz hacer derramar mis lágrimas.
Quiero darte las gracias por darme falsas esperanzas.

Pensarte

Si te digo que te pienso mucho
No podrías adivinar de cuánto hablo.
¿Creerías que solo estoy bromeando?
¿O pensarás que estoy exagerando?

Desde que mis ojos te captaron
No hago más que pensarte
Buscando formas de acercarme
Queriendo conocerte, queriendo hablarte.

Primer intento: el miedo no me dejaba.
Segundo intento: tuvimos una linda charla.
Tercer intento: ya la intensidad me ganaba.
Último intento: empecé a sentirme ignorada.

Y ahora, ¿cómo voy a explicarte?
Que mi intensidad es descontrolada
Porque mis ojos te besaron primero que mi boca,
Y primero que mi cuerpo se entregó mi alma.

Again

He vuelto a fallar. Lo único que me calma eres tú pero me rechazas. En toda esta oscuridad solo tu voz es quien me levanta.

No me dejes caer, toma mi mano y sácame de este pozo. Ansío tu ayuda a gritos; no me dejes sola te lo pido.

Me creí un ser fuerte y con energías, pero poco a poco se fue apagando mi alegría; no me dejes caer en esta agonía, estoy cayendo en un pozo sin fondo y sin salidas. Al final de mi túnel no está la luz que me guía.

Insomnio

Hoy es una de esas noches
Donde dormir aquí es imposible;
Me siento, suspiro, me acuesto,
Esta noche es muy terrible.

Abrazo mi almohada
Imaginando que me acompañas;
Mi cama extraña tu silueta
Y yo no soporto esta distancia.

Miro al techo en la oscuridad
Tratando fuertemente de no pensar,
Pero una lágrima dejo escapar
Recordando lo lejos que de mi estás.

Me desespera el reloj con su tic tac
Y en la cama me siento una vez más;
Dormir aquí cuesta un montón,
Esta distancia es una eternidad.

Suspiro con mucho desespero,
Frustrada intento dormir de nuevo;
Quizás pueda verte en mis sueños
Y darte ese beso que te debo.

Adiós

Es absurda la manera en que puedes encontrar paz en medio del dolor de una noche negra.
En como la calma de su voz hace que tu llanto cese y sus palabras te consuelen.
En como deja de doler porque sabes que te quiere y pase lo que pase a su corazón le perteneces.

Uno para el otro serán pero juntos no están destinados a estar.
Será un adiós que ya no dolerá, porque los dos saben que se lastimaron;
Pero que su amor fue tan puro y sagrado, que en alguien más no lo encontrarán.

Con el viento se van las palabras y el ultimo susurro fue una despedida que se quedará clavada en cada herida, llevando con cada uno un beso y una poesía.

Adultez

De niño había tanto que quería hacer,
Quería crecer y crecer para un adulto ser.
Lo deseaba con tantos anhelos y ansias
Que me olvidé de la belleza de la infancia.

Querer crecer para estar siempre ocupado,
Correr detrás del tiempo sin poder atraparlo;
Cancelar planes o nunca hacerlos,
Porque para trabajar es lo único que tienes tiempo.

Cada día es como una pesadilla,
Levantarte a duras penas para la rutina.
Una y otra vez se repite la monotonía.
¿Y a esto es que se le llama vida?

Siendo adulto he observado,
Más allá de donde los ojos ven;
Tantos anhelos que llegué a tener
Para ahora preguntar: ¿por qué quería crecer?

Para Ti

Cómo me pides que no me enamore si has completado lo que me faltaba.
Si a mis días añadiste las sonrisas y mariposas que ocultaba.
Si las horas pasan lentas a tu lado y me siento bien.
Si se siente perfecto hasta solo tomar una taza de café.

Como no quieres que me enamore si me abrazas dormida y me besas con suavidad;
Si cuando me cuentas tus historias siempre quiero escuchar más.
Si me hiciste el amor al alma antes que al cuerpo y enredaste mi mente entre tu olor y recuerdos.

En ti he visto lo que de pequeña anhelaba: inteligencia y ambición, respeto y educación.

En ti he encontrado calma en medio de mis tormentas indeseadas y me has salvado de las pesadillas que guardé en un cajón.

El hombre con el que he soñado pero llegó a mi vida en un momento desafortunado.
No estaba preparada para recibir tanto tan pronto, y he hecho un desastre de pensamientos que quieren opacar todo.
Repito ideas en mi cabeza queriendo hacer que suceda todo a mi manera, pero solo necesito a alguien que me quiera por mi torpeza sin exigirme ser perfecta.

Dudas

¿Cómo voy a preguntarte
Algo que me quema por dentro?
¿Cómo las respuestas voy a sacarte?
Si ya las sé y me dan miedo.

Hace tiempo que lo nuestro
Viene derramando gotas de sangre;
Hace meses que lo he notado
Entre nosotros crece un agujero grande.

Me acaricias, pero no te siento,
Duermes a mi lado, pero no te veo.
Tu calor se convirtió en frio
Y ahora tu lugar se siente vacío.

Estamos tan cerca y a la vez tan lejos;
Una distancia que no vemos nos separa,
¿Seremos más fuertes y resistiremos?
¿Vamos a agarrar la soga o a soltarla?

¿Me mirarás a los ojos y hablarás?
¿O vas a esperar que lo deje de intentar?
¿Te sentarás a verme llorar?
¿O vendrás y me abrazarás?

Con un te amo y beso en la mejilla
Calmarías todas mis pesadillas;
Con un "Calma, todo saldrá bien"
Arreglaríamos las cosas de una vez.

Un Corazón Roto

Estuve más emocionada de lo normal,
Y quiero echarle la culpa al periodo;
Pero a quien quiero engañar si llevo aguantando
Y pretendiendo que todo va a estar bien.

Por ahí me ves luciendo esa sonrisa radiante
Pero mira mis ojos y verás que no miento.
Se supone que son la ventana del alma donde escondes todos tus secretos,
Pero los míos son visibles hasta para un ciego.

Mis ojeras tan marcadas y mis mejillas rosadas,
Son pruebas de que una vez más por ti derramé lágrimas,
Tu ausencia me sofoca y más que a mi piel congelas mi alma.

Hoy quise escribirte pero me tenías bloqueada,

Suspiré de alivio porque no quería molestarte con mis chiquilinadas.

¿Era muy infantil para tu gusto o muy inocente para tus ganas?

Encontraste en ella lo que en mi buscabas y no encontrabas.

Mi pecho aprieta, mi corazón se acelera, otra vez estoy cayendo en esta miseria.

Has seguido con tu vida y yo no puedo cargar con la mía.

Esperando que alguien más repare el desastre que dejaste,

Y arriesgarse a salir lastimado porque yo no tengo fuerzas para curarme.

Me hace falta como me sentía cuando estaba a tu lado y no puedo respirar.

Extraño como era yo, con ganas de seguir sin importar las mierdas que me caían,

y de las cadenas que me atan tratando de detenerme en el pasado,
Obstaculizando la vista hacia un futuro que contigo veía.

Y ahora me pesa verme al espejo porque no reconozco el rostro que veo en el reflejo;
Una tristeza profunda sobresale de entre mis pupilas, y esa sonrisa vacía que intenta disimular un alma destruida.
Siento que mi pecho va a estallar, no puedo parar de llorar, ya no puedo respirar.
Me gustaría tomar algo para mi mente borrar.

Ya no puedo escribir, no quiero cantar ni bailar; en todos lados te veo incluso durmiendo.
¿Por qué tengo que soportar todo esto? Ya basta por favor universo;
No quiero cargar con tanto sufrimiento, me duele mucho mi pecho.

No quiero extrañarte, quiero borrar lo que siento.

Ya basta por favor, universo; quiero dormir mientras la brisa me lee un cuento
Y despertar en una ciudad blanca donde mis lágrimas no puedan salir de mis ojos muertos.

No de Nuevo

¡Ya basta por favor!
No quiero pasar esto de nuevo;
Estaba siendo feliz después de tanto tiempo
Y ahora estoy sola en este aposento viejo.

No puedo evitar sentirme así
Alejada de todos e ignorada por quienes quiero.
No es justo, no se siente bien;
Esta sensación me quema por dentro.

Quiero regresar a mi vida normal,
A esas amistades que dejé allá.
Quiero ser yo de nuevo, sin vacíos,
Sin sentirme rota y sin repuestos.

Pero no me queda de otra
Más que ocultar lo que estoy sintiendo;
Fingir con una sonrisa que estoy bien
Y sacar fuerzas para salir de esto.

Siempre te Amaré

Soy una niña jugando a ser adulta pero que nunca ha sabido que hacer.
Que ha necesitado que le digan los detalles, como un guion escrito en un papel.
He tenido miedo de dañarte y echar algo lindo a perder.

Y cómo cambio el pasado y las malas decisiones que tomé.
Cómo vuelvo atrás para que te enamores de mi otra vez.
Para regalarte una versión más sana, más amorosa y menos enojada.

Una donde el pasado se haya quedado en una caja y solo vea un futuro brillante a tu lado.
Donde no haya tantas dudas ni incertidumbre, ni el miedo al fracaso se trepe sobre el tejado.

Siempre he sabido lo que quería y contigo lo visualicé;
Me agobiaron los pensamientos, me estranguló el miedo y la duda me hizo caer.
Ya eso te lo expliqué una y otra vez aunque no lo quieras creer.
Que me he mirado al espejo mientras me señalo y maldigo que hice aquello que juré nunca hacer; te fallé.
Pero ya pasó, ya fue, ahora qué se supone que debo hacer.

¿Por qué no me dices que quieres, o qué vas a hacer?
Si quieres olvidarme y por otro lado encontrar tu querer.
Porque de ser así entonces te dejaré, te soltaré y no te molestaré.
Aunque se me vayan los pedazos de mi alma y en las cartas que te escriba las sellaré.

Solo sé que te amo y por ti al fin del mundo iré. En ti pienso cuando me despierto y aunque no lo quiera en mis sueños te veré.

Te amo y siempre te amaré, aunque de mi te estés olvidando yo siempre te recordaré.

Ángel

Dime, ¿cómo te describes?
¿Cómo lo harán los demás?
Basta con que te mires en mis ojos
Y comprenderás cual es mi felicidad.

Sé que no eres un ángel
Que no tienes alas ni aureolas
Pero en tus ojos se irradia
Una luz que me enamora.

¡Esos ojos! Ojos marrones
Con un brillo para hipnotizar,
Hacen que mi corazón resople
Como un barco en alta mar.

¡Esa sonrisa! Sonrisa sin igual,
Sonrisa que mis ojos no dejan de mirar.
En mi mente estás, siempre estás,
Ya que en tu sonrisa no dejo de pensar.

Aún no puedes imaginar,
Lo rápido que late mi corazón,
Cada vez que escucho
Tu armoniosa voz.

Siento cosquillas en mi estómago
Y tú eres la principal razón;
Cuando veo tus ojos y tu sonrisa
Mi cuerpo se llena de pasión.

Si nuestros labios se unen
Yo gozo de felicidad;
Si todos los días sucediera,
¿Qué crees que pasará?

No hay palabras para esto,
Ni algún modo de comprensión;
Siempre recuerdo tus besos
Cuando escucho nuestra canción.

Tú me enamoraste
Y ahora perdida estoy

Escribiendo en estos versos
Una muestra de mi amor.

¡Oh, querido amor!
No me vayas a soltar,
Quiero gritarle al mundo
Lo hermoso que es amar.

Mañana

¿Por qué nos aferramos tanto a lo que ya no está?
¿Por qué no queremos soltar y ver hasta donde se avanza?
Nos desplomamos al ver que la puerta que queríamos está cerrada,
Y olvidamos que hay miles abiertas y una ventana.

Olvidamos dar las gracias al despertar en las mañanas
Pero nos asustamos si un día no podemos levantarnos de la cama.
Nos creemos que tenemos el control de nuestras vidas
Y olvidamos que vivimos por alguien que nos ama.

Agradece el día de hoy;
Diles a esas personas que los amas;
Perdona y suelta, ríete a carcajada,
Porque mañana… puede no haber mañana.

Mi Salvación

Me viste caminando cabizbaja,
Sin brillo en mis ojos
Y con una sonrisa apagada
Buscando algo que no encontraba.

Pusiste tu mano en mi
Y levantaste mi mirada;
Me mostraste aquella puerta cerrada
Pero al lado, miles abiertas y una ventana.

Me sostuviste cuando me viste caer,
No me soltaste hasta estar de pie;
Dijiste: "Hija mía, aquí estoy para sostenerte,
Ven a mí y ya no estés más triste"

Déjame sanar tu corazón otra vez,
Y que tus ojos se iluminen,
Que camines con firmeza y no tropieces
Porque mis ángeles te sostienen.

Recuerda siempre que eres mi hija,

Que los problemas no te definan;

Pon tu carga en mí y respira.

Ve al mundo y muestra la luz que en ti brilla.

Oscuridad

Y es entonces cuando llego a mi habitación que me derrumbo.
Vuelvo a caer en el hoyo otra vez porque es en mi habitación que se encuentra ese pozo sin fondo donde no dejo de caer;
Y puedo oírme gritar con todas mis fuerzas aunque mi boca no pronuncie ruido.
Me puedo ver acostada boca arriba largas noches sin dormir, mirando al techo a esa negra oscuridad que me arropa y me ahoga sin dejarme respirar.

Me hace querer llorar pero deja mis lágrimas atrapadas en ese nudo de mi garganta, mi cerebro les prohíbe salir porque no deja de repetir que soy fuerte, pero yo estoy cansada.
Quiero soltar todo, quiero que me deje de doler; este peso que estoy cargando que siento que nadie más puede ver.

Quiero salir corriendo de mi habitación, pero veo que mis pies tienen cadenas y me pesan. Son demasiados pensamientos a la vez.
Mi pecho me quema y me duele la cabeza. Me está fallando la memoria, ya empecé a olvidar cosas.

Mi mente me quiere engañar y hacer que pierda el control, porque estoy empezando a olvidar hasta el por qué empecé a llorar.
Quiere hacerme recordar solo cuando son las tres de la mañana y estoy sola en mi habitación.
Sin poder dormir en la oscuridad, deseando que mi cama no se sienta tan grande ni las noches tan frías;
Deseando que me despierte con un beso y me diga que todo ha sido una pesadilla.

Pero cierro mis ojos con fuerza y al abrirlos estoy sola otra vez. Porque nadie más me escucha llorar.
Mis ojos están apagados, cualquiera puede darse cuenta de que estoy mal.

Trato de mejorar pero otra vez vuelvo a caer. Y la culpa la tiene mi habitación; está tan sola y fría. Aunque más la llene de peluches y estúpidas calcomanías, sigue la oscuridad, se siente muy vacía.

Me he apegado a que alguien me dé la alegría, al igual que fue alguien quien arrebató mi brillo y energía;
Me convencí a mí misma que sola no podría. Por fuera me veo tan viva pero por dentro estoy podrida, con tantas emociones y sentimientos que me vienen encima.
Para otros puedo sonreír con alegría pero para mí, mi sonrisa es vacía. Puedo verla en el espejo y notar que es fingida, porque mientras mis labios se esfuerza, mis ojos no pueden hablar mentiras.

Tú

¿Cómo puedes amar tanto a alguien que te está lastimando?
Que no ve como su indiferencia te duele.
Que no vale que digas "arreglemos las cosas"
Porque él se oculta tras su sombra.

Quiero rendirme y dejar de intentar.
Otra noche más no lo puedo soportar.
La angustia de no estar bien no me deja dormir.
Me quitas el apetito y las ganas de vivir.

No me gusta esa parte de mí que se enamora,
Se encariña tanto y se obsesiona.
Deja de ser ella misma para hacer feliz a otra persona
Y a cambio solo recibe muchas promesas rotas.

¿Qué quieres de mí, más de lo que te he dado?
Dime si vas a irte o seguir intentando.

¿Vas a pretender que nada está pasando?
Sabiendo que tu actitud me está lastimando.

No me siento bien de este modo
Eres la cause de mi trasnocho.
Espero todo el día por tu cariño
Y solo me das palabras frías y con filo.

Ruptura

Apagó la pantalla de su teléfono
Y lloró hasta quedarse sin lágrimas.
Lloró como si no iba a despertar al día siguiente
Porque ella sentía que su vida acababa.

El dolor de su pecho la dejaba sin aire,
Quería llorar y llorar para no ahogarse.
Su corazón quemaba como si al infierno la arrastraran;
Así se sentía después de ese mensaje.

Cerrando los ojos con todas las fuerzas
Imaginaba que veía tu hermosa cara;
Un corazón roto abrazando a su osito
Y la almohada en la boca silenciando los gritos.

Alma Gemela

Eres mi alma gemela… no significa que estábamos destinados a estar juntos, pero si esas almas que se encuentran, tienen esa conexión y se entienden.

Que encajaban mejor siendo parte de un rompecabezas distinto, pero seguían perteneciendo a la misma colección.

Esas almas que por más que pase el tiempo se sentarán a tomarse un café, conversarán y reirán como el primer día.

Persona correcta en el momento equivocado.

Serías mi medicina y mi alegría. Mi alma gemela, así es como te describiría.

Rota

Sus hermosos ojos no tienen brillo
Su corazón ha entregado y han herido.
Está tan rota y desilusionada.
Está tan triste y desconsolada.

Como un pequeño vaso de cristal
Que se ha caído al piso.
Como ese reloj que dejó de funcionar,
O como una puerta sin pestillo.

Su cantar lleva melancolía,
Se siente hundida en agonía;
Su alma rota y herida
Ansía ser sanada y atendida.

Tiene miedo de volverse a enamorar
O de lastimar a alguien más.
Ten cuidado no te vayas a cortar,
Es muy evidente cuan rota está.

Coincidir

La historia de un amor interrumpido por personas rencorosas. Dos personas que continúan amándose en silencio.

Ella se casó con alguien a quien creía amar, pero que al pasar el tiempo se daría cuenta que la decisión estuvo mal, apresurada para su edad. El buscaba amor en otras chicas para sacarla de su corazón pero ninguna le hacía sanar.

Tarde o temprano la vida los volvería a juntar y fuertes decisiones tendrían que tomar. El amor o el orgullo, uno de los dos debe dominar; pero conociendo a estos dos, un desastre va a pasar.

Llamadas aquí y allá, video llamadas y buenas noches antes de descansar, planes de encuentros quizás y un día ya no contestan más. Número nuevo y algo más, el chico se va a casar, al fin pudo su corazón sanar; pero al curar el de él una nueva herida abrió al pasar.

Así quedó la chica, con la esperanza de volverlo a encontrar; que la historia pueda continuar, aunque por la situación una y otra vez tengan que pasar; un amor que nunca va a acabar pero que tampoco coincidirá.

Frio

Otra vez estoy en la noche cuestionando
Si el problema soy yo o de alguien más.
Si seré yo el motivo por el que alguien sonría
O si seré la causa de su felicidad.

Me cuesta mucho aceptar que no recibiré rosas,
Que no tendré una propuesta de bodas;
Que nadie va a presumirme en sus redes
Y que no tendré un feliz por siempre.

Cada día que pasa mi corazón se siente frio.
Poco a poco se van apagando mis emociones;
No hay mucho que me pueda alegrar
Si se están marchitando mis ilusiones.

Y es que su amor es frio, si es que acaso eso siente;
Su afecto es inexpresivo si es que acaso por mi lo tiene.
Sus respuestas traen silencio y sus actos mi desaliento;

Me hiere lentamente con cada soplo de su aliento.

No tengo la certeza de que amor por mi sienta;
No tengo la seguridad de ser yo en quien piensa.
Un frio inmenso entre los dos se avecina
Y no queda más remedio que sentarme en la esquina.

Porque en la esquina del mundo estoy,
Alejada en la distancia, en el rincón de mi corazón.
Sin saber siquiera si en el suyo he hecho posada
O si acaso me abrirá la entrada.

Me he preocupado en hacerle feliz,
Sin recibir a cambio el mismo afecto;
Me he encargado de demostrarle mi amor
Pero solo he recibido un frio silencio.

No me han amado como he merecido,
No me han dicho lo feliz que pueden ser conmigo.
Ha sido la musa de mis poemas,
Del frío que escribo en estas letras.

Agradecimientos

A mi Padre Celestial quien me ha otorgado el don para escribir y la oportunidad de publicar este libro.

A mi madre quien ha estado conmigo y me ha apoyado durante los retos en este emprendimiento.

A mis amigos y seres queridos que me animaron a seguir escribiendo cada vez que leían mis poemas. En especial a quien ha sido mi musa para algunos de estos poemas.

A mi querida Nereida que fue un medio para hacerme llegar a esta editorial y también apoyó mi proceso.

Y por supuesto, gracias a ti querido lector, que me brindas tu apoyo al tener este libro en tus manos.

Made in the USA
Columbia, SC
04 August 2024